EL EMPRESARIO VIRTUAL

GANE MILLONES EN LINEA

Por Emir Samsores

Publicado en España Por:

Emir Samsores

© Copyright 2018

ISBN-13: 978- 1984390820
ISBN-10: 1984390821

Todos los derechos reservados.
Queda rigurosamente prohibida, sin autorización escrita de los titulares del copyright, bajo las sanciones establecidas por las leyes, la reproducción total o parcial de esta obra por cualquier medio o procedimiento, comprendidos la reprografía, el tratamiento informático, así como la distribución de ejemplares de la misma mediante alquiler o préstamo públicos.

Tabla de Contenido

INTRODUCCION: 2

Dinero con YouTube 5

Dinero con Redes Sociales 12

Dinero con un Blog 20

Dinero con Infoproductos 25

Dinero con PTC´s 31

Dinero con Marketing de Afiliados 37

Dinero con Criptomonedas 42

1

Introducción

Los tiempos actuales gobernados por las nuevas tecnologías y la sociedad de la información representan una gran oportunidad para emprender en un mercado global.

Independientemente de nuestro lugar de residencia, con solo tener acceso a internet es posible crear una metodología propia de trabajo que nos permita obtener dinero, mucho más del que se gana con un trabajo regular bajo relación de dependencia o con un emprendimiento físico local.

Las tendencias dominan al mundo y solo aquellos que avanzan conjuntamente con la tecnología logran posicionarse dentro del amplio panorama de oportunidades que la internet ofrece.

Ganar dinero por internet es justamente una de estas tendencias en boga.

Dinero rápido, 7 formas de ganar dinero por internet

Existen miles de personas que han abandonado la idea de cumplir una jornada laboral de 8 horas, llevando a cabo órdenes de otros y teniendo que hacer cosas que muchas veces no eran de su agrado, para convertirse en sus propios jefes ejecutando tareas más dinámicas y sobre todo más productivas, económicamente hablando.

En este libro encontrarás las **7 formas más rentables para ganar dinero por internet** sin necesidad de otra inversión más que tu tiempo: YouTube, Redes Sociales, Blogs, Infoproductos, PTC´s, Marketing de Afiliados y Criptomonedas.

Algunas consisten en la venta de publicidad, otras en la visualización de anuncios, en la venta de artículos, productos o servicios, en networking o afiliación de grandes números de usuarios, hasta en la minería de bitcoins; todas estas son maneras reales y fiables para construir una forma de trabajo diferente, divertida y muy rentable.

Autoaprendizaje, paciencia, constancia, dedicación y seguimiento son palabras que resumen el secreto del éxito que muchos han conseguido trabajando desde la comodidad de su casa y en su horario preferido generando dinero por internet.

Al concentrar nuestro tiempo en el aprendizaje, descubriremos las herramientas, técnicas y métodos que en cada caso nos serán útiles para optimizar tiempo y ganancias.

Una vez nos encontremos familiarizados con las herramientas prosigue su aplicación, es aquí donde muchos se quedan en el mero intento.

Este negocio, indistintamente de la fórmula que se utilice requiere tiempo. Aun cuando es posible comenzar a generar dinero desde un principio con algunas, las verdaderas ganancias siempre las obtienen aquellos que persisten, aquellos que de manera constante y reiterada realizan sus seguimientos, estudian las estadísticas y redimensionan su estrategia cada vez que sea necesario.

De manera que, teniendo claro que eres el protagonista de tu aprendizaje, que el recurso a invertir es tu tiempo y que en definitiva eres tú quien decide cuánto quieres ganar, lo que resta es que decidas las metodologías de las cuales te vas a valer.

Al terminar de leer estas páginas notarás como ante tus ojos se abrirán 7 puertas cuyas llaves se encontrarán en tus manos y que te llevarán a la riqueza que siempre has querido obtener.

Bienvenido al mundo del **Dinero por internet**.

Dinero con YouTube

Capítulo 1

¿Qué es YouTube?
El portal de internet **YouTube** es la **web más importante del mundo** dedicada a la reproducción gratuita de videos.

Su audiencia es masiva y su contenido para muchos es adictivo.

El alcance de YouTube es global ya que trasciende fronteras. Este enorme portal es considerado como el más grande archivo audiovisual de la humanidad, pues contiene valiosísima información acerca de toda clase de temas de utilidad en tantas materias como puedas imaginar.

¿Cómo hace YouTube para ser rentable, si la reproducción de sus videos es gratuita?
La respuesta, aunque simple, no deja de tener complejidades.

La industria de la publicidad conoce muy bien la capacidad de reproducción casi infinita del portal, por ello se contratan millones y millones de dólares en publicidad a través de los videos de YouTube.

¿Quienes reciben este dinero?
Primeramente, YouTube recibe dinero por cada reproducción que haya contratado con las grandes empresas de publicidad.

También los dueños de los videos reciben una parte de este dinero siempre y cuando sean los propietarios de los derechos de la banda sonora y del video y hayan configurado correctamente sus cuentas en YouTube.

Los YouTubers

En estos tiempos se ha desarrollado un frenesí en torno al portal de videos de conocidos como los "**YouTubers**".

Estas son personas que crean canales en esta página web para la difusión de videos con múltiples propósitos, desde difundir conocimiento, enseñar, curiosidades, hacer de comediantes y muchos más.

Independientemente de la temática en la cual se especialicen, todos los YouTubers
tienen un factor común: **buscan más y más reproducciones de sus videos**.

Los más exitosos logran millones de suscripciones y visitas a su canal y consecuencialmente de reproducciones en sus videos, son una nueva generación de estrellas de la opinión pública.

Ellos reciben sumas muy pequeñas por cada reproducción, pero **en una audiencia de millones de seguidores** se producen **miles y miles de dólares por mes**. Su secreto es la captación de un enorme público.

¿Cómo ganar dinero con YouTube?

Para entrar al negocio de producir dinero en YouTube debes ser mayor de 18 años y configurar una cuenta en el portal.

Los siguientes elementos son fundamentales para tener éxito con tu canal:

1. **Define tu nicho**, es decir, el mercado que quieres abarcar. Comienza por un tema específico y en la medida que vaya creciendo tu lista de suscriptores podrás ir incorporando nuevos elementos que expandan tu potencial mercado.

Una vez tengas clara tu especialidad inicial, segmenta tu mercado, es decir define la audiencia a la cual va dirigida la información de tu canal.

2. Se debe bautizar el canal con un **nombre interesante**, con pegada, fácil de recordar que sea una marca personal, que te diferencie y que pueda ser encontrado rápidamente por la audiencia que se quiere tener.

3. Es importante que se relacionen **las palabras clave** del contenido de cada video con el título para de la misma forma facilitar la búsqueda.

4. Publica contenido con **óptima calidad de sonido y video**. Los videos de corta duración se viralizan mucho

mejor que los largos, por ello se recomiendan breves y con mucho significado.

5. Se debe mantener **actividad constante en el canal** subiendo material de forma periódica, esto es fundamental. Los seguidores llegan al punto de esperar los días de publicación con gran expectativa, si no les das lo que quieren lo buscarán en otro canal.

6. **Interactúa con tu audiencia** dando respuesta a sus comentarios y preguntas. Tus seguidores llegarán a integrarse a tu canal de manera muy activa. Desde agradecer sus comentarios y aportes hasta responder elegantemente alguna crítica, el mantenimiento de tu imagen pública dependerá en buena medida de la forma como te comuniques.

7. Cada video debe ser **correctamente etiquetado de acuerdo con su contenido**, de igual forma es recomendable hacer una descripción fiel, detallada y llamativa, así lo posicionarás de mejor manera.

8. Es vital **monetizar el canal**, para habilitar esta opción debes activar la configuración en el menú del canal, de esta forma autorizas a YouTube a introducir publicidad en el material publicado.

Al principio es posible que el contenido no sea recibido por la audiencia de una forma espectacular, pero **cada publicación es una oportunidad para sorprenderla** y conseguir como una explosión, el deseado éxito.

Cada video es una nueva oportunidad para mejorar, esto es una regla de oro de los YouTubers.

El ascenso del YouTuber

La evolución del "**YouTuber**" tiene muchos aspectos, que van desde el contenido, la conexión con su audiencia y también el incorporar de forma paulatina técnicas profesionales de filmación, cámaras de última generación y editores de vídeo para garantizar un nivel de calidad óptimo.

Al mantener una línea bien definida en el canal y con publicaciones regulares los usuarios interesados en la temática de tu nicho se suscribirán instantáneamente.

Esta herramienta junto con las publicaciones periódicas permitirá aumentar las reproducciones que serán directamente proporcionales a la publicidad desplegada, de este factor dependerá la producción de dinero del canal.

Existen también otros medios de promoción más allá de YouTube para difundir el material publicado, estas son las redes sociales: Facebook, Twitter e Instagram; también están los blogs.

El uso conjunto de estas puede ayudar al YouTuber a popularizar su material y de esta forma aumentar el número de reproducciones de sus videos.

YouTube y Google AdSense

Otra metodología compatible con YouTube para ganar dinero es Google Adsense.

Esta es una herramienta de Google para insertar en tus publicaciones textos e imágenes publicitarias.

Para configurarla debes verificar tu cuenta de Google y brindar la información que te sea requerida, incluyendo una cuenta bancaria o de PayPal.

Con Google AdSense ganas dinero por cada clic en un anuncio y un ingreso marginal por desplegarlo.

Tal como ves, si cuentas con una gran audiencia YouTube te ofrece varias vías para generar dinero.

Programa Socio de YouTube

Existe la opción de ingresar al programa de socio de YouTube.

Esta, permite a los YouTubers exitosos acceder a múltiples herramientas de creación y edición, además permite interactuar con los miembros de la elitesca comunidad que otorga interesantes premios a los más destacados.

Para ingresar al programa de socio necesitas 15.000 horas de reproducción acumuladas en los últimos 90 días.

Las estadísticas como soporte

Otra de las bondades de YouTube es que permite analizar los datos de los videos monetizados que se hayan publicado, a través de la sección Analytics.

Allí se puede encontrar información vital sobre los ingresos devengados y el estimado para los próximos meses, así como los datos demográficos de los usuarios.

Estos datos permiten ajustar el contenido a tu audiencia para aumentar los ingresos del canal.

Dinero con Redes Sociales

Twitter, Facebook e Instagram

Capítulo 2

El protagonismo que han tomado las redes sociales en los últimos tiempos es excepcional, al punto que su uso es fundamental para que cualquier marca o empresa pueda crecer y expandirse.

La puerta para alcanzar mercados más grandes, sin fronteras más allá de la lengua está en el internet. Y los estudios de los hábitos de las personas refieren que gran parte del tiempo de ocio en la red (netsurfing) está centrado en las redes sociales; esto es oportunidad pura.

La hipnosis de las redes sociales
Es un fenómeno psicológico que se estudia permanentemente, la adicción a las redes sociales.

En los teléfonos inteligentes, tabletas y computadoras domésticas no faltan nunca las conocidas redes sociales tales como Facebook, Twitter e Instagram, sin mencionar otras menos populares.

A través de estos canales de difusión las personas comparten episodios de su vida para formar parte de un grupo, para entretener o para satisfacer sus necesidades de interacción social.

La principal razón para que las personas publiquen sus historias en Facebook, Twitter o Instagram es para ser valorados y valorar a quienes les rodean.

Este comportamiento humano es adictivo, viral y está asociado al subconsciente que es donde precisamente quieren llegar las grandes corporaciones que en el mundo manejan el comercio de productos y servicios de las más diversas naturalezas con un único objetivo, vender.

El pulso inconsciente cuando hacemos clic en "Me gusta" es una definición de nuestro ser ideal, es una tendencia clara de mercado que puede ser explotada con fines económicos.

Los Influencers

En los últimos años hemos visto el surgimiento de un nuevo tipo de celebridad, los "**Influencers**" que no es otra cosa que personas usualmente populares en las redes sociales.

Las corporaciones y anunciantes saben que el vínculo para llegar esta gran audiencia es a través de sus ídolos o Influencers, quienes con un simple clic o comentario pueden inducir o conducir significativamente los hábitos de consumo de su audiencia.

Esta publicidad puede generar tanto dinero como el tamaño de la audiencia del Influencer siempre y cuando tenga una estrategia planificada inteligentemente.

¿Cómo pasar de usuario de Redes Sociales a "Influencer"?

Para pasar de un simple usuario medio de redes sociales a un Influencer exitoso debes contar con un plan y una estrategia.

Para empezar, debes definir tu propósito para que de esta forma determines el tipo de seguidores que buscas, quienes van a estar realmente interesados en tu contenido.

El principal objetivo de todos los Influencers **es ganar notoriedad** y esto se mide simplemente con el número de seguidores.

¿Cómo comenzar?

Para responder esta crucial pregunta empieza por:

- **Estudiar el segmento objetivo**: Este análisis persigue identificar de forma clara el público objetivo, sus gustos, preferencias, necesidades y muy importante **SUS DESEOS**. Esto ayudará a determinar el tipo de material que va a tener impacto en la audiencia potencial.

- **Establecer una política de contenido**: el contenido que se publique fuera del perfil del segmento objetivo antes que ayudar puede perjudicar el desempeño de las redes sociales, aburriendo a la audiencia e incluso convirtiendo al Influencer en algo no deseado.

- **Llegar a la audiencia por los sentidos:** El contenido escrito es muy valioso, más si tu tema principal es la literatura. Pero para llegar al subconsciente de tu audiencia es conveniente darle preferencia al material audiovisual que capte su atención e incite a la difusión de tu información.

Los Influencers más famosos se comunican más por vía de videos y fotografías que por la vía del simple mensaje escrito. Por ello las redes como Facebook, Twitter e Instagram son tan poderosas, en ellas se propagan con facilidad el contenido audiovisual.

- **Publicar de forma periódica, pero no a cada instante:** No es sencillo determinar cuántas actualizaciones y en qué momento son de más impacto.

Lo que sí está determinado es que no es prudente saturar a la audiencia con actualizaciones a cada momento. Es conveniente despertar el interés por la próxima publicación y hacer esta en un momento u hora en que tengas más tráfico en tus redes.

El objetivo es buscar la mayor cantidad de **Likes**, comentarios y que se difunda la publicación compartiéndola. Este es el camino para conseguir ganar dinero en las distintas redes.

- **Crear tu propia página web:** Las redes sociales como Facebook, Twitter e Instagram son fundamentales para el nuevo Influencer, pero concentrar todas tus publicaciones en una página tipo blog donde tus seguidores puedan conseguir la información detallada que les brindas en las redes es un recurso que no debe ser obviado pues estarás haciendo un marketing propio como Influencer.

¿Cómo conseguir más seguidores en tus redes sociales?

La forma más efectiva para conseguir más seguidores es siendo fiel a tu propuesta como Influencer sin apartarte de tus intereses.

Si eres muy activo y atrevido con tus contenidos obtendrás mayor visibilidad y los usuarios interesados en tu propuesta te seguirán y contribuirán en la multiplicación de tu mensaje, especialmente si se desatan polémicas, retos, concursos y cualquier otro elemento de interacción.

¿Cómo conseguir más seguidores en Twitter?
En Twitter es específicamente importante utilizar de forma inteligente los **280 caracteres** que nos brinda la plataforma, así como conocer y usar eficientemente sus herramientas.

Hacer **Follow-Back** es una herramienta que permite aumentar rápidamente el número de seguidores, lo que no es conveniente es hacerte seguidor de todos tus seguidores porque llenarás tu timeline de información diversa que puede alejarte del objetivo.

Promover **Trending Topics** (temas que están calientes en este momento) es una buena herramienta para ir más allá de los seguidores y ampliar la base de suscriptores.

Crea listas de perfiles interesantes y atractivos que sean compatibles con la propuesta, para hacer retweet en las publicaciones de esos perfiles que sean convenientes al objetivo.

Tweeterfeed te permite mostrar contenido afín a tu propuesta. Debes escoger de forma estratégica los perfiles con que vas a alimentar esta herramienta. Su buen uso te dará mayor impacto y visualización.

¿Cómo aumentar la base de seguidores en Facebook e Instagram?
Está comprobado que los videos son los contenidos que más fácilmente se hacen virales en Facebook e Instagram, incluirlos en tu perfil abre la posibilidad de compartirlos y abrir conversaciones en torno a ellos.

Es recomendable compartir los comentarios de las publicaciones en estas redes en la página web del Influencer, de esta forma se generará mayor interacción y se evitarán las trabas de registros para expresar opiniones.

El aumentar tus seguidores de forma artificial no da un rédito real a largo plazo, es una simple herramienta que puede ayudar a mejorar la visualización y el interés por un Influencer que está empezando en la actividad.

Ciertamente es éticamente condenable la compra de seguidores, pero es una realidad que las personas siguen a quien tiene una base importante de seguidores y en las primeras etapas esto es difícil de alcanzar. Por ello, aunque no muy ética, es una alternativa válida.

Plataformas para monetizar tus redes sociales

Existen muchas plataformas para monetizar tus redes sociales, una de las más reconocidas es **SocialPubli**.

Al afiliar tus redes a esta plataforma puedes ganar dinero en base a parámetros como números de seguidores, número de publicaciones y grado de interacción de los seguidores.

La publicidad más efectiva y productiva para anunciantes e Influencers es aquella que va acorde a los gustos, preferencias y capacidades de su audiencia.

Otra conocida plataforma es **Twync**, funciona de forma similar a **SocialPubli**, se enfoca en personas con mucha actividad dinamizadores o Influencers con redes sociales y blogs bien posicionados en sus respetivas audiencias.

Una de las grandes ventajas de esta plataforma es que cuando se hace el registro se escoge el tema o los temas sobre los cuales se enfoca el trabajo, de forma de mejorar la calidad de publicaciones que se hacen. Por ende, es publicidad más efectiva.

La tercera es **Coobis**, esta es una plataforma de marketing digital que maneja contenido de las marcas que luego serán amplificadas por medio de Influencers para potenciar el impacto en el público.

Dinero con un Blog

Capítulo 3

Un **blog** es una página web de carácter personal empleado para publicaciones de un tema determinado, que puede ser actualizado de manera regular.

Inicialmente era realizado por personas para publicar artículos académicos o de determinado tema en específico. Pero con el desarrollo y la masificación del tráfico en Internet han evolucionado a **auténticos productos editoriales de consumo masivo**.

Los blogs son ideales para personas creativas que quieran dedicar su tiempo a escribir o a producir contenidos interesantes.

¿Se puede ganar dinero con un blog?
Todo producto en la red que sea consumido de forma masiva tiene la capacidad de producir dinero.

El caso de los blogs es especial debido a que la configuración la decide su autor, a diferencia de las redes sociales en las cuales la interacción está predeterminada.

De allí que, si la finalidad es producir dinero, los blogs representan varias oportunidades para conseguirlo, claro está, no es tarea simple, es necesario tener un plan estructurado para tal fin.

El éxito de un "**Blogger**" o escritor de blogs no depende de la facilidad que se tenga para interactuar con la tecnología, ni de lo bonito que se escriba o de las horas que se invierta escribiendo, aunque la dedicación siempre es buena compañía.

Si bien la concurrencia de estos factores es necesaria, el éxito dependerá exclusivamente de los niveles altos de tráfico y visitas que logres conseguir, para lo cual es realmente importante **tener claro quiénes son tus lectores y qué están buscando. Más que un contenido debes ser capaz de brindar una experiencia**.

Los blogs exitosos no tratan sobre el Blogger, sus experiencias o su estilo de vida, aquellos **que han resultado eminentemente productivos tratan <u>sobre sus lectores</u>, lo que les preocupa, sus intereses y aficiones**.

Aspectos comunes en los blogs exitosos

1. El contenido alojado es de alta calidad y siempre está enfocado en la temática o nicho de su especialidad.

2. El manejo estratégico de las publicaciones, según el cual se intercala el contenido fresco o nuevo con el reciclaje del ya existente, procurando facilitar a los lectores el acceso a todo el material del blog.

3. Sus autores son verdaderos comunicadores, así lo demuestran en sus escritos y en el material multimedia del cual se valen para proyectarlo.

4. Se valen de Infoproductos relacionados con sus contenidos con los cuales premian o reconocen a sus lectores o afiliados.

5. Poseen alta actividad que fomenta la interacción con sus lectores. Esto es imprescindible porque los blogs pasivos tienden a disminuir progresivamente su tráfico hasta quedar rezagados en el más recóndito olvido, aunque sus contenidos sean de calidad.

6. Son promocionados en las diferentes redes sociales, pues el tráfico no llega solo. Incluso, muchos bloggers estilan pagar campañas publicitarias para incrementar su base de suscriptores.

7. Fomentan la multiplicación de su contenido haciendo partícipes de ello a sus lectores, llegando a abracar círculos y redes enormes.

Las modalidades más populares para ganar dinero con un blog

El contenido alojado en el blog es la puerta de entrada a grandes oportunidades. En el campo profesional, representa una muestra de las capacidades y potencialidades del autor y de su equipo en un área determinada.

Con dicha muestra como abreboca y una gran audiencia, es posible monetizar el blog mediante:

1. Contratación de Servicios Profesionales

Para ello, se puede configurar un botón de "contratar servicios" y vender horas de tu tiempo.

Los servicios que comúnmente se comercializan a través de esta modalidad están referidos a:

- Consultoría profesional
- Diseño gráfico
- Marketing digital
- Programación
- Social media manager
- Finanzas
- Contabilidad
- Coaching
- Arquitectura
- La lista puede ser infinita, incluso tarotistas y videntes.

2. Talleres virtuales de Educación y Formación:

Teniendo en cuenta que la educación es un bien valioso y supremamente costoso en la mayoría de los países y dependiendo de la naturaleza de tu blog, puedes optar por vender tus servicios como formador, mediante talleres virtuales a gente interesada en aprender.

Esta alternativa va desde la formación tradicional en una sala de reuniones hasta los webinars, en los cuales, a través de una multisesión se hacen interesantes clases y discusiones en línea.

3. Infoproductos:

Para superar las barreras geográficas, aparte de los webinars hay innumerables Infoproductos que se pueden comercializar en tu blog y que tienen un potencial gigante de generar dinero, estos son principalmente:

- E-books o libros electrónicos
- Cursos Online
- Clubes privados con membresía.
- Suscripciones a revistas o publicaciones digitales
- Apps. Aplicaciones
- Software

4. Publicidad:

Si bien es posible conseguir dinero afiliando un blog para que se publiquen avisos allí, lo cierto del caso es que bajo este esquema el ingreso a percibir es bastante modesto.

Sin embargo, **si la temática de tu blog interesa a anunciantes en específico** porque el target de tu público es el indicado para ellos y logras directamente hacer un acuerdo de publicidad, podrás generar cantidades importantes de dinero.

Un ejemplo de esto sería un Blog sobre viajes que logra negociar la publicación de anuncios publicitarios de una aerolínea, de un seguro de viajes o de una agencia de viajes.

Otro caso, sería un blog sobre fitness y vida saludable que consiga el patrocinio de una marca de ropa deportiva o de algún suplemento.

Dinero con Infoproductos

Capítulo 4

¿Qué son los Infoproductos?

Los **Infoproductos** son productos digitales generalmente inmateriales, basados en el conocimiento o experiencias de un emprendedor que se comercializan a través de distintos medios, como las redes sociales, los e-commerce y los blogs.

Estos productos son sin duda alguna la puerta para la **Independencia Financiera** de los emprendedores digitales.

El éxito de los Infoproductos depende de la **base de consumidores** que se logre alcanzar, de esta forma se puede amortizar la inversión realizada por el emprendedor y seguramente dejar una importante ganancia si ha sido creado de forma inteligente.

El fundamento para lograr el éxito como **emprendedor digital** radica en la calidad de la investigación que se haga del segmento de posibles clientes, para que a partir de estos datos se proceda a crear el producto.

Interpretando más allá de lo que hay en la actualidad, llenando esos vacíos que suplirán las necesidades de los consumidores e innovando, es como se construye una identidad propia que evolucionará seguramente en el futuro bajo la forma de una reconocida marca.

Ventajas de crear Infoproductos como emprendedor digital

Las creaciones intelectuales son generadoras de riqueza siempre que logren posicionarse dentro del público objetivo al cual van dirigidas.

Convertirte en un emprendedor digital creador de tus Infoproductos te permitirá:

1. **Obtener un ingreso adicional.** Posteriormente, en la medida en que evoluciones y tus productos sean acogidos de manera positiva por el público, tus ganancias progresivamente se irán incrementando en proporción a como se incrementen tus ventas.

2. **Ajustar tu agenda a tus necesidades**, pues no tendrás que estar presente para vender el producto.

3. **Costos operativos sumamente bajos.** Crear un Infoproducto de calidad demanda más capital intelectual que capital financiero. Lo cual representa una forma inteligente de poner el conocimiento a producir dinero de forma independiente.

4. **Entrar en un negocio sustentable**, con enorme capacidad de crecimiento y escalabilidad. La tecnología al estar en constante evolución conlleva a que un producto exitoso siempre tenga una siguiente versión mejorada, es decir, la oportunidad progresiva de seguir creando medios generadores de ingresos.

5. **Vivir de ingresos pasivos**, es decir, de aquellos que producen dinero mientras descansas, disfrutas la vida, viajas y compartes con tus seres queridos.

¿Cómo empezar con los Infoproductos?

Existen múltiples tipos de Infoproductos desde los libros electrónicos (e-books), institutos o escuelas online, audio guías, clases de materias específicas y complejas (Master Class), seminarios en línea (webinars), aplicaciones informáticas, juegos y muchos otros.

Para el emprendedor que inicia el camino de crear y comercializar su primer Infoproducto la recomendación es optar por algo simple y económico de desarrollar, que tenga potencial de ser viable financieramente hablando, sin dejar de atender las necesidades de la audiencia real al cual va dirigido.

En este sentido se puede comenzar con la creación de un libro electrónico (e-book) o un curso descargable tal vez en formato PDF, esto porque el costo mayor de inversión inicial que requieren los productos digitales inteligentes más sencillos es el **capital intelectual.**

¿Qué elementos debe cuidar el emprendedor digital para que su Infoproducto sea exitoso?

Copiar formatos de otros emprendedores no es una buena receta, pues en el medio digital las personas tienden a comparar siendo en gran medida exigentes con las marcas con las cuales terminan fidelizándose.

Con esto en mente es necesario desarrollar un producto:

- Inteligente
- Sencillo
- Innovador
- Adaptado al cliente
- Necesario
- Y sobre todo **MUY RELEVANTE**

Para ello el producto debe ser una maravilla de solución o respuesta a las necesidades y deseos del cliente que se haya definido. Algo que de conocerlo el cliente le haga pensar ¡**Lo Necesito! Debo sacar la tarjeta de crédito y hacer clic en el recuadro de "COMPRAR"**.

Una bondad del mercado digital es que es muy grande y en este compiten las grandes corporaciones creando soluciones generales. Pero si eres muy específico en tu segmento de mercado y descubres esa necesidad que nadie ha cubierto, tienes altas y reales posibilidades de éxito y dinero.

Razones por las cuales los Infoproductos pueden llegar a fracasar

1. Comenzar a crear un Infoproducto **sin saber quién es el posible comprador**, conduce a desarrollar una solución sin destinatario.

Crear un producto que no le interese a nadie es una pérdida de tiempo y esfuerzo, además que desanima el ímpetu emprendedor.

Para evitar estas situaciones el emprendedor debe planificar su producto y ser cuidadoso en la investigación del segmento objetivo.

2. Comenzar con un **producto complejo y costoso** sin haber empezado por soluciones más sencillas y probarlos en vivo en un mercado real suele ser un error costoso.

Lo prudente es comenzar por soluciones sencillas y escalar a medida que estas tengan éxito en el mercado, sin dejar siempre de tener en cuenta que la solución debe satisfacer al cliente ante todo.

3. Una de las condiciones del mercado para aceptar un producto es que su **relación precio calidad sea beneficiosa para el comprador**. Por ello debes esforzarte en la calidad del contenido tanto de los productos, como de las herramientas con que se construyen estos.

4. Olvidar cómo se va a vender el producto dejando al azar un punto tan importante como lo es el canal de ventas es un **error** que se paga con creces.

Así como se investiga y se desarrolla el producto es conveniente investigar y desarrollar el mejor canal de ventas posible, incluyendo las formas de pago que facilitarán la transacción tales como: tarjetas de crédito, procesadoras de pago virtuales e incluso criptomonedas.

Solo por poner un anuncio en una web diciendo que un producto es bueno, no implica que alguien vaya a comprarlo, es preciso enamorar al cliente.

Se debe estudiar cómo compra tu segmento, qué es importante para ellos, ofrecer alguna prueba y crear una estrategia para convencerlos de comprar.

Las ofertas, los testimonios, los comentarios de compradores son herramientas valiosas de marketing que optimizarán tu estrategia de venta.

Dinero con PTC´s

Capítulo 5

El indicativo **PTC (pay to click) pago por click** es una modalidad según la cual los anunciantes realizan pagos a quienes ven su publicidad.

Este concepto parece extraño, pero no lo es, en la televisión vemos publicidad y no nos pagan por ello. Este es el concepto de publicidad tradicional, aquel en que los anunciantes pagan a las cadenas de televisión grandes sumas de dinero para transmitir sus mensajes en el medio de la programación que atrae a millones frente a una pantalla.

Como parte de las estrategias no convencionales publicitarias, muchos anunciantes prefieren utilizar el PTC, pagando a quienes acceden a ver su publicidad pequeñas cantidades de dinero.

La tarea de ganar cantidades importantes de dinero con PTC, es posible, sin embargo, no es simple pues requiere tiempo, esfuerzo, dedicación y estrategia.

Muchas personas se inician en la explotación de PTCs y desisten en poco tiempo al perder el ímpetu debido a que sus expectativas pierden correspondencia con la realidad.

El primer punto que aclarar con PTCs es que no existe dinero rápido ni mucho menos sin esfuerzo. Esta afirmación es un buen punto de partida.

¿Cómo funcionan las webs de Pay to Click PTC?

Estos sitios se dedican a buscar anunciantes con un perfil muy específico. Son por lo general emprendedores digitales absolutamente desconocidos que acceden a pagar para hacerse conocidos en el mercado.

Cuando tienes un producto interesante, pero eres desconocido, una alternativa viable es la inversión publicitaria y la estrategia no convencional ideal son las PTCs.

Cuando un anunciante compra un paquete publicitario en portales como **Neobux** o **Clixsense** puede estar seguro de que su mensaje será visto por miles de personas.

El pago por estos anuncios se reparte en gran medida a la plataforma de PTC contratada y una fracción del pago la recibe quien ve el anuncio.

Estos spots publicitarios tienen por lo general duraciones que van de los 5 a los 30 segundos.

Engaños con PTC o Scam

Al surfear por la red se pueden encontrar ofertar maravillosas de ganar miles y miles de dólares, solo viendo publicidad por 10 minutos.

Pues responsablemente te decimos que esto es una gran mentira. Existen muchas falsas ofertas de páginas de PTC, que ofrecen rendimientos fabulosos y nunca pagan lo prometido, esto es lo que se denomina Scam.

Como se expresó al principio de este capítulo sin dedicación, esfuerzo y estrategia no hay recompensa.

Por otra parte, es una realidad que hay plataformas de PTC que son absolutamente confiables, entre estas **Neobux** y **Clixsense** llevan años en el mercado cumpliendo a cabalidad con sus usuarios.

La estrategia para ganar dinero de verdad con PTCs

Inicialmente es necesario hacer el trabajo de PTC viendo publicidad diariamente por un monto muy bajo de dinero.

Esta tarea debe llevarse a cabo durante las primeras semanas de manera constante y es justamente donde la mayoría se desanima.

El dinero a través de las plataformas de PTC llegará a tu cuenta solo si te conviertes en un agente multiplicador, en la medida que logres captar personas que hagan PTC dentro de tu red como REFERIDOS. En este punto ya los ingresos mejoran considerablemente.

La **estrategia ganadora en las PTCs** es por supuesto hacer el trabajo de unos 10 minutos de ver una serie de anuncios, pero luego dedicar unas horas al día a captar referidos.

Para captar referidos hay muchas formas, comienza con tus familiares, amigos y allegados y coméntales que con tan solo unos minutos al día pueden conseguir un ingreso adicional.

Luego cuenta tu historia en las redes sociales e invita a muchas personas a afiliarte a través de tu link, serán tus referidos.

Haciendo el trabajo de forma consistente y estratégica lograrás armar una red que comenzará a dar resultados financieros por tu esfuerzo.

PTCs en números

Para este ejercicio tomamos el ejemplo de una de las plataformas líderes, **Neobux:**

Simulación 1

Con una cuenta Estándar que haya conseguido unos 300 referidos, con un promedio de 2,5 clics/día, conseguirás unos 750 clics por día de tus referidos, esto producirá unos 3,79$ por día.

Que serían unos 113,70$ por mes y unos 1.383,35 $ por año.

Simulación 2

Con una cuenta Ultimate que haya conseguido unos 4000 referidos, con un promedio de 2,5 clics/día, conseguirás unos 10.000 clics por día de tus referidos, esto producirá unos 100,3$ por día.

Que serían unos 3.009,00$ por mes y unos 36.609,50 $ por año.

Las claves

Para conseguir 100, 300, 500 o 1000 referidos se debe trabajar de forma consistente, ordenada y planificada.

Las PTCs son un negocio de redes en cadena, el punto focal es mantener **LA MOTIVACIÓN DE LA RED** de seguidores a hacer el trabajo y que ellos a su vez construyan su red y progresen, de lo contrario se cansarán y abandonarán.

Es necesario que el emprendedor sea un motivador y preparador de su red, debes formarte y formarlos para transmitir conocimiento y liderazgo.

Los Mini trabajos

Para los que juegan en solitario también hay oportunidad con las PTCs.

La mayoría de estas páginas contemplan la asignación de tareas o mini trabajos que consisten regularmente en la búsqueda de información relativamente trivial por internet.

En la medida en que se van realizando estos mini trabajos o tareas el usuario va subiendo de nivel y eso le permite acceder a más mini trabajos.

Cada mini trabajo consta de 15 a 300 tareas y el valor de cada tarea oscila entre $0,1 y $0.9.

Por ejemplo, por un mini trabajo que contemple un total 150 tareas a razón de $0,5 representaría un monto total de $75 por una actividad que puede fácilmente ser completada con 3 horas de trabajo diarias durante una semana.

En el caso de las PTCs lo conveniente es tomar cada oportunidad de ganar dinero, es decir, clics por publicidad, sistema de referidos y mini trabajos.

Por otra parte, quienes han logrado generar importantes sumas con esta dinámica metodología siempre recomiendan estar suscrito a varias PTCs de manera que el tiempo empleado frente al ordenador sea aprovechado al máximo.

Dinero con Marketing de Afiliados

Capítulo 6

El **marketing de afiliados** es una modalidad de promoción que permite a un anunciante ganar una comisión promoviendo productos de terceros.

Por ejemplo, un Blogger puede tener afiliados que promocionen su e-book más exitoso y a la vez en su blog promocionar cursos o audiolibros de otras personas que son afines a la naturaleza del suyo.

El principio es sencillo el bloguero que consigue tráfico es un Influencer de sus seguidores, **¿quién mejor que él para recomendarles un determinado producto?**

Por ejemplo, en un blog de un viajero este hace un post sobre su experiencia sobresaliente con una aerolínea determinada, allí mismo pone un enlace para reservar boletos. Las compras a través de este enlace le generan una comisión.

Siguiendo con el mismo ejemplo del blog del viajero, este puede hacer marketing de afiliados de productos tan diversos como:

- Ropa

- Trajes de baño
- Restaurantes
- Empresas de transporte
- Hoteles
- Seguros de viaje
- Gafas de sol
- Calzado deportivo
- Y muchos otros.

Cada enlace al que sus seguidores le hagan clic le generará una pequeña cantidad de dinero. Ahora, si el Influencer tiene una base grande de seguidores esto puede convertirse en un ingreso muy representativo.

Esta es la principal causa por la cual vemos personas muy jóvenes que viven viajando y disfrutando la vida que apenas trabajan contando sus historias y experiencias en un blog.

En estos casos, detrás de cada historia contada, hay un potencial de ganar nuevos seguidores y consumidores de una cesta de productos que le genera dinero al Influencer mientras conoce y disfruta interesantes lugares del mundo.

Para hacer marketing de afiliados el Blogger o Influencer debe…

- Probar una serie de productos para determinar cuáles son convenientes con su audiencia específica.
- Promocionar esos productos de forma simple y vivencial. Llevándolos a sus redes sociales y poniéndolos al alcance de sus fans.
- Una vez que sus seguidores prueben el producto, se convertirán en agentes multiplicadores que compartirán sus publicaciones y expandirán la base de posibles compradores.

El marketing de afiliados ejecutado de forma estratégica es una auténtica estrategia de Ganar – Ganar.

El anunciante podrá conseguir una poderosa herramienta para favorecer el consumo de sus productos sin invertir dinero más allá de una pequeña comisión por cada venta.

El cliente obtendrá un producto que considera es el adecuado para cubrir una necesidad o gusto propio y esto será gracias al testimonio del Influencer, quien si es honesto ofreciendo artículos o servicios de calidad ganará una sólida reputación como anunciante.

Por ello hay es importante ser cuidadoso de no anunciar por anunciar, ya que si el producto no es de calidad el Influencer se perjudicará a sí mismo.

¿Por qué es conveniente el marketing de afiliados?

1. Porque no es necesario invertir tiempo ni dinero en la creación de productos.

2. Porque la garantía de los productos y el servicio postventa tampoco involucran al anunciante ya que son responsabilidad directa de quien comercializa.

3. Porque permite a los anunciantes ganar más dinero como parte integrante de la fuerza de ventas externa de varios negocios al mismo tiempo.

Qué principios se deben considerar cuando se hace marketing de afiliados

1. **La confianza de los seguidores**

   El activo más grande que tiene cualquier Influencer es la confianza de su audiencia, este es el único factor por el cual el mensaje llega a la masa, por ello ante todo se tiene que cuidar la relación con los seguidores.

   Que estos confíen en el Influencer es una responsabilidad que tiene que ser correspondida con respeto, por ello cada producto que se vaya a anunciar debe ser cuidadosamente examinado pensando en la seguridad y conveniencia para el público.

2. **Relevancia**

   Anunciar unas galletas integrales producidas con productos orgánicos en un blog de literatura hispanoamericana no tiene relevancia ni pertinencia.

En cambio, si este mismo producto se anuncia en un blog de nutrición y alimentación saludable puede tener un impacto muy grande que se traducirá en ventas y dinero para el anunciante.

3. Vender la experiencia no el producto

El Influencer tiene el poder para hacer llegar su mensaje a un público determinado, que lo escucha porque le gusta su mensaje, se siente identificado y le tiene confianza.

El mensaje es más poderoso por ejemplo si el Influencer de un blog de viajes a la naturaleza salvaje les cuenta su experiencia con unos zapatos deportivos cómodos, duraderos y que ocupan poco espacio en el equipaje por un precio más que razonable.

Dinero con Criptomonedas

Capítulo 7

La masificación del internet ha traído consigo el desarrollo de nuevas y eficientes formas de pago virtual que han abierto las puertas a las criptomonedas.

Las Criptomonedas

Las criptomonedas son monedas virtuales que sirven para facilitar el intercambio y la acumulación de valores a través de la red.

Cumplen una función igual al Dólar Americano, el Euro, el Yen Japonés o la Libra Esterlina de Inglaterra.

Sus principales características son:

1. **Son inmateriales**, no existe una moneda acuñada para el intercambio, por lo tanto, se prescinde de los bancos.

2. **Son independientes**, ningún banco central, organismo ni país garantiza o controla el valor de estas criptomonedas, su cotización depende de la oferta y la demanda en el mercado digital.

3. **Su uso es Universal**, no existen fronteras para estas. A través de un enlace a internet desde cualquier parte del mundo se pueden utilizar.

4. **Las transacciones con criptomonedas son seguras y anónimas** ya que estas se soportan en una infraestructura digital descentralizada en todo el mundo.

5. **Las transacciones con criptomonedas son instantáneas** y las comisiones de uso son mínimas si comparamos las comisiones del sistema bancario.

6. La criptomoneda pionera ha sido el **Bitcoin**, esta moneda virtual no es un simple instrumento de pago que solo facilita las transacciones en línea, es una herramienta que facilita el comercio y las transacciones entre personas en todo el mundo, de una manera simple, económica e innovadora. Por lo cual representa una gran oportunidad para generar dinero.

Dinero con Bitcoins

El uso masivo de tecnologías inteligentes como los smartphones, tablets y otros dispositivos, así como el mayor acceso a internet en los hogares y las empresas ha abierto un gigantesco mercado global en donde se hacen millones de transacciones comerciales cada día.

Esta situación crea un sinnúmero de oportunidades para hacer dinero con **Bitcoins**, acá te presentamos algunas:

1. Aceptándolas como medio de pago

Aceptar Bitcoins como medio de pago, bien a través de internet o en tiendas físicas tradicionales abre las puertas a los comercios a una comunidad de internautas gigantesca y en franco crecimiento.

Para aceptar esta moneda virtual lo más importante hacer la afiliación respectiva, en el caso del Bitcoin es necesario abrir una billetera virtual que funciona como una cuenta bancaria.

Con solo mostrar un código QR en un dispositivo inteligente como tableta o teléfono se transfieren los Bitcoins de la cuenta del comprador a la del vendedor con total transparencia y seguridad.

Prescindiendo de estos dispositivos el vendedor puede hacer también un requerimiento de pago al comprador y cuando éste acepte se hace la transacción.

Es importante mantener altos estándares de seguridad en el manejo de todas las criptomonedas, especialmente en lo concerniente a contraseñas y acceso desde dispositivos no seguros.

El uso del Bitcoin permite a pequeñas empresas acceder al mercado en línea sin costosas aplicaciones bancarias, ello implica un potencial aumento de las ventas imposible de cuantificar.

2. **Gana Bitcoins completando pasos en páginas web**

Existen innumerables páginas que ofrecen pagos con monedas virtuales como el Bitcoin, a cambio de unas tareas determinadas, en reiterados casos tan simples como solo echar un vistazo.

Un ejemplo es que primero ves publicidad para luego ver el contenido que realmente despierta interés, por ello te pueden abonar una muy pequeña cantidad de dinero en Bitcoins.

Otras páginas ofrecen por ejemplo Bitcoins por completar encuestas u hacer comentarios sobre anuncios o videos.

Esta modalidad, aunque está en ascenso no permite que ganes cantidades importantes de dinero. Son montos marginales a cambio de tu tiempo de ocio frente al computador.

3. **Presta tus Bitcoins y consigue intereses**

Si tienes una cantidad de dinero ahorrado en tu billetera virtual y simplemente están guardados, tienes la posibilidad de prestar esos Bitcoins y ganar un interés por ello.

Esta operación se puede hacer directamente con algún conocido del que se pueda evaluar su confiabilidad, luego solo deben ponerse de acuerdo de los términos como plazos, amortizaciones y tasas de interés a aplicar.

Bajo este esquema es importante que consideres el préstamo y los intereses denominados en Bitcoins o en otra criptomoneda de tu preferencia, esto porque el aumento del valor de las monedas virtuales frente a la cesta de monedas tradicionales como el Dólar, Euro y Yen es muy, pero muy significativo.

Existen también portales dedicados a operaciones de préstamos en criptomonedas "**peer to peer**".

Esta opción es válida y viene creciendo en los últimos tiempos, consiste en prestar Bitcoins por un período determinado y recibir de vuelta también Bitcoins como pago del préstamo más los intereses correspondientes.

4. Ganar Bitcoins minando

La minería de Bitcoins es un proceso según el cual se invierten recursos de forma intensiva como hardware, software y energía para procesar una serie de operaciones de la red, en cierta forma cada minero realiza una parte del trabajo de centro de cómputo del Bitcoin.

Este trabajo está diseñado para ser efectuado de forma independiente, descentralizada y coordinada. De manera que ningún minero en ningún país pueda tener el control de la red. Estas características dan a esta moneda virtual seguridad, fortaleza y confianza.

El proceso de minería que no es otra cosa que el procesamiento de metadatos. **Es la forma como se crean nuevos Bitcoins**. Por ello esta criptomoneda no depende del oro o de una cesta de otras monedas como hacen los bancos centrales que soportan al Dólar, el Euro o el Yen.

El valor de los Bitcoins depende de la oferta y la demanda en el mercado y también del costo de procesamiento de datos como activo subyacente.

Este proceso de minería de datos es intensivo en el uso de energía que implica el hardware de este tipo y la necesaria refrigeración externa que depende de equipos de aire acondicionado.

La minería de Bitcoins puede ser una **actividad muy rentable** siempre que el costo de la electricidad en el sector donde se opere no sea elevado.

Las grandes granjas de minería de datos se ubican en lugares donde la energía eléctrica es barata o la pueden autogenerar de forma rentable. También se buscan climas fríos para ahorrar el costo de refrigeración.

La mayoría de los mineros se unen a clubes de minería a través de diversas webs creadas para tal fin, de esta forma pueden coordinar los esfuerzos y obtener mejores resultados que minando en solitario.

Además, estos clubes comparten el conocimiento sobre los protocolos y tecnologías eficientes para minar Bitcoins, estableciendo una real relación de Ganar-Ganar.

5. **Recibir Bitcoins como propina**

Recibir propinas en Bitcoins no es un proceso complicado, solo debes tener tu billetera virtual y un dispositivo de acceso a internet. De esta forma tus clientes podrán recompensarte por tus servicios con esta moneda digital.

Pero esta modalidad trasciende a lo que tradicionalmente conocemos como propina. Los blogs y redes sociales pueden incorporar la tecnología de aceptar Bitcoins como propina de una forma muy sencilla y económica.

Otra aplicación es posible al presentar proyectos sociales o productivos a la comunidad online y hacer "crowdfunding" que es un ejercicio de financiación colectiva, esta posibilidad permite el emprendimiento abriendo una puerta a un sistema de crédito para el arranque de una empresa naciente.

6. Ganar Bitcoins en la bolsa de valores

El Bitcoin es un valor con fluctuaciones de valor en el tiempo, por lo cual algunos inversores hacen operaciones especulativas en donde estudian los ciclos de las cotizaciones y compran Bitcoins cuando su precio consideran está bajo, esperan a que la cotización vuelva a la normalidad y venden cuando está alto el precio relativo.

Otros inversores hacen transacciones de arbitraje aprovechando la inmediatez de las operaciones con la moneda virtual.

Para ello ubican un interesado en vender valores por debajo del precio de mercado y en periodos muy breves, a veces minutos venden estos mismos valores a un precio ligeramente superior.

Estas operaciones no están exentas de riesgo y requieren un profundo conocimiento de los mercados bursátiles para aprovechar esos pequeños márgenes.

Fin.

Todos los derechos reservados.

Queda rigurosamente prohibida, sin autorización escrita de los titulares del copyright, bajo las sanciones establecidas por las leyes, la reproducción total o parcial de esta obra por cualquier medio o procedimiento, comprendidos la reprografía, el tratamiento informático, así como la distribución de ejemplares de la misma mediante alquiler o préstamo públicos.

DISCLAIMER AND/OR LEGAL NOTICES:
Every effort has been made to accurately represent this book and it's potential. Results vary with every individual, and your results may or may not be different from those depicted. No promises, guarantees or warranties, whether stated or implied, have been made that you will produce any specific result from this book. Your efforts are individual and unique, and may vary from those shown. Your success depends on your efforts, background and motivation.

The material in this publication is provided for educational and informational purposes only and is not intended as medical advice. The information contained in this book should not be used to diagnose or treat any illness, metabolic disorder, disease or health problem. Always consult your physician or health care provider before beginning any nutrition or exercise program. Use of the programs, advice, and information contained in this book is at the sole choice and risk of the reader.

Printed in Great Britain
by Amazon